Arun Shalin Lawence

Encriptação de dados na nuvem

Arun Shalin Lawence

Encriptação de dados na nuvem

ScienciaScripts

Imprint
Any brand names and product names mentioned in this book are subject to trademark, brand or patent protection and are trademarks or registered trademarks of their respective holders. The use of brand names, product names, common names, trade names, product descriptions etc. even without a particular marking in this work is in no way to be construed to mean that such names may be regarded as unrestricted in respect of trademark and brand protection legislation and could thus be used by anyone.

Cover image: www.ingimage.com

This book is a translation from the original published under ISBN 978-3-330-33113-6.

Publisher:
Sciencia Scripts
is a trademark of
Dodo Books Indian Ocean Ltd. and OmniScriptum S.R.L publishing group

120 High Road, East Finchley, London, N2 9ED, United Kingdom
Str. Armeneasca 28/1, office 1, Chisinau MD-2012, Republic of Moldova, Europe
Printed at: see last page
ISBN: 978-620-8-20440-2

RESUMO

Os recentes desenvolvimentos na computação em nuvem incentivaram os proprietários de dados a deslocar os seus complexos sistemas de gestão de dados de sítios locais para uma nuvem pública comercial, que oferece maior flexibilidade e poupanças de custos. No entanto, para proteger a confidencialidade dos dados, os dados sensíveis devem ser encriptados antes de serem transferidos, o que anula a utilização tradicional de dados com base numa pesquisa por palavra-chave em texto simples. Por conseguinte, é essencial criar um serviço de pesquisa de dados encriptados na nuvem. Dado o grande número de utilizadores de dados e documentos na nuvem, é necessário permitir múltiplas palavras-chave numa consulta de pesquisa e devolver documentos pela ordem da sua relevância para essas palavras-chave. Neste artigo, definimos e resolvemos o difícil problema da pesquisa de múltiplas palavras-chave em dados encriptados na computação em nuvem (MRSE), respeitando a privacidade. Estabelecemos um conjunto de requisitos rigorosos de proteção de dados para este conceito de utilização segura de dados na nuvem. A partir das diferentes semânticas das palavras que contêm várias palavras-chave, escolhemos uma medida de semelhança eficaz "correspondência de coordenadas", ou seja, o maior número possível de correspondências para refletir a relevância dos documentos de dados para a consulta de pesquisa. Para quantificar essa medida de semelhança, utilizamos o "produto de semelhança interna".

CAPÍTULO 1

INTRODUÇÃO

1.1 COMPUTAÇÃO EM NUVEM

A computação em nuvem é um paradigma de computação em que um grande conjunto de sistemas está ligado a redes privadas ou públicas para fornecer uma infraestrutura dinamicamente escalável para o armazenamento de aplicações, dados e ficheiros. Com o advento desta tecnologia, os custos associados ao processamento de dados, ao alojamento de aplicações, ao armazenamento e ao fornecimento de conteúdos diminuíram consideravelmente. Trata-se de uma abordagem prática que oferece benefícios económicos diretos e tem o potencial de transformar o centro de dados de uma instalação de capital intensivo num ambiente de custos variáveis. A ideia da computação em nuvem baseia-se em princípios muito fundamentais de funções informáticas reutilizáveis. A diferença entre a computação em nuvem e os conceitos tradicionais de "computação em grelha", "computação distribuída", "computação utilitária" ou "computação autónoma" reside no alargamento do horizonte para além das fronteiras organizacionais. A Forrester define a computação em nuvem como: "um conjunto de infra-estruturas de computação abstractas, altamente escaláveis e geridas, capazes de alojar aplicações de utilizadores finais e de as faturar numa base de pagamento conforme o uso". Trata-se de uma tecnologia que utiliza a Internet e servidores centrais remotos para armazenar dados e aplicações, permitindo aos consumidores e às empresas utilizar aplicações sem instalação e aceder aos seus ficheiros pessoais a partir de qualquer computador com acesso à Internet. Esta tecnologia melhora a eficiência do processamento de dados através da centralização do armazenamento de dados, do processamento e da largura de banda. O Yahoo E-Mail, o Gmail e o Hotmail são exemplos de computação em nuvem.

1.2 ARQUITECTURA

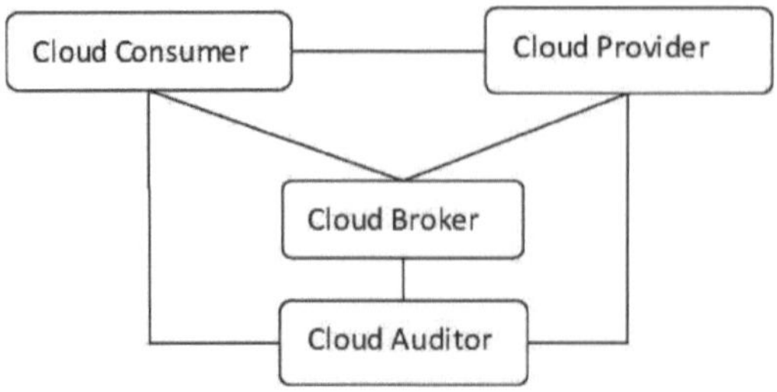

Figura 1.1 Arquitetura da computação em nuvem

A Figura 1.1 mostra os vários participantes na computação em nuvem, que são descritos a seguir:

1.2.1 Fornecedor de serviços em nuvem

A pessoa, organização ou entidade responsável pela prestação de um serviço às partes envolvidas. Um prestador de serviços de computação em nuvem adquire e gere a infraestrutura de TI necessária para prestar serviços, executa o software de computação em nuvem que permite a prestação de serviços e organiza a prestação de serviços de computação em nuvem aos clientes através do acesso à rede.

1.2.1.1 Fornecedor líder de serviços em nuvem

Um fornecedor primário oferece serviços alojados na sua própria infraestrutura. Pode disponibilizar estes serviços aos consumidores através de um terceiro (por exemplo, um corretor ou um fornecedor intermediário), mas a caraterística essencial de um fornecedor primário é o facto de não comprar os seus serviços a outros fornecedores.

1.2.2 Consumidores da nuvem

"Uma pessoa ou organização que tem uma relação comercial com os fornecedores de serviços de computação em nuvem e utiliza os seus serviços. Um consumidor de serviços de computação em nuvem navega no catálogo de serviços do fornecedor de serviços de computação em nuvem, solicita o serviço relevante, celebra um contrato com o fornecedor de serviços de computação em nuvem e utiliza o serviço. O consumidor de serviços em nuvem pode ser facturado pelo serviço prestado e deve efetuar os pagamentos correspondentes".

O que não é tido em conta aqui é o **utilizador final** que consome o serviço, possivelmente melhorado, oferecido pelo consumidor da nuvem. No caso do SaaS, o cliente da nuvem é frequentemente o mesmo que o utilizador final. No entanto, num ambiente empresarial, nem sempre é esse o caso. Se tomarmos o exemplo do Gmail, o cliente da nuvem é apenas a organização pagadora (por exemplo, o departamento de TI), enquanto muitos outros funcionários podem utilizar o serviço de correio eletrónico como utilizadores finais.

1.2.3 Auditor de Nuvem

Uma parte que pode efetuar uma avaliação independente dos serviços de computação em nuvem, do funcionamento dos sistemas de informação, do desempenho e da segurança de uma implementação de computação em nuvem. Um auditor de serviços de computação em nuvem é uma entidade que pode efetuar uma análise independente dos controlos dos serviços de computação em nuvem, a fim de emitir um parecer sobre os mesmos. As auditorias são realizadas para confirmar a conformidade com as normas através da análise de provas objectivas. Um auditor de computação em nuvem pode avaliar os serviços prestados por um fornecedor de computação em nuvem em termos de controlos de segurança, impacto na privacidade, desempenho, etc.

1.2.4 Corretor de nuvem

"À medida que a computação em nuvem evolui, a integração dos serviços em nuvem pode tornar-se demasiado complexa para os utilizadores da nuvem. Um cliente de serviços de computação em nuvem pode solicitar serviços de computação em nuvem a um corretor de serviços de computação em nuvem, em vez de os solicitar diretamente ao fornecedor de serviços de computação em nuvem. Um corretor é, portanto, uma organização que gere a utilização, o desempenho e a prestação de serviços de computação em nuvem e negoceia entre os fornecedores de serviços de computação em nuvem e os utilizadores de serviços de computação em nuvem". Os corretores oferecem três tipos de serviços aos clientes de computação em nuvem.

1.2.4.1 Corretor intermediário

Um corretor de nuvem aprimora um serviço específico, melhorando certas funcionalidades e fornecendo serviços adicionais aos clientes de nuvem. As melhorias podem incluir a gestão do acesso aos serviços em nuvem, a gestão de identidades, a elaboração de relatórios sobre o desempenho, a melhoria da segurança, etc.

1.2.4.2 Agregador de corretores

Um corretor de nuvem combina e integra vários serviços num ou mais serviços novos. O corretor assegura a integração de dados e garante o fluxo seguro de dados entre o cliente da nuvem e vários fornecedores de nuvem.

1.2.4.3 Corretor de arbitragem

A arbitragem de serviços é semelhante à agregação de serviços, exceto que os serviços agregados não são fixos. A arbitragem de serviços significa que um corretor tem a capacidade de selecionar serviços de várias agências. Por exemplo, um corretor de nuvem pode utilizar um serviço de pontuação de crédito para avaliar e selecionar a agência com os melhores resultados.

1.3 MODELOS DE SERVIÇOS DE COMPUTAÇÃO EM NUVEM

Os fornecedores de serviços de computação em nuvem oferecem serviços que se enquadram nas três categorias apresentadas na Figura 1.2.

J Software como um serviço (SaaS)

- Plataforma como um serviço (Paas)

- Infraestrutura como um serviço (laas)

1.3.1 Software como um serviço

Neste modelo, a aplicação completa é oferecida ao cliente como um serviço a pedido. Uma instância do serviço é executada na nuvem e serve vários utilizadores finais. Do lado do cliente, não há investimento inicial em servidores e licenças de software, e do lado do fornecedor, os custos são reduzidos porque apenas uma aplicação precisa de ser alojada e mantida. O SaaS é atualmente oferecido por empresas como a Google, Salesforce, Microsoft, Zoho e outras.

1.3.2 Plataforma como um serviço

Aqui, a camada de software ou o ambiente de desenvolvimento é encapsulado e oferecido como um serviço sobre o qual podem ser construídas outras camadas de serviços superiores. Os clientes são livres de desenvolver as suas próprias aplicações, que são executadas na infraestrutura do fornecedor. Para satisfazer os requisitos de gestão e escalabilidade das aplicações, os fornecedores de PaaS oferecem uma combinação predefinida de sistemas operativos e servidores de aplicações, por exemplo, a plataforma LAMP (Linux, Apache, MySql e PHP), J2EE limitado, Ruby, etc. O App Engine da Google, Force.com, etc. são alguns dos exemplos mais populares de PaaS.

1.3.3 Infraestrutura como um serviço

A IaaS oferece funções básicas de armazenamento e computação sob a forma de serviços normalizados através de uma rede. Servidores, memória, equipamento de rede, espaço no centro de dados, etc. são agrupados e disponibilizados para o processamento de cargas de trabalho. Regra geral, os clientes executam o seu próprio software na infraestrutura. Exemplos disso são a Amazon, a GoGrid, a 3Tera, etc.

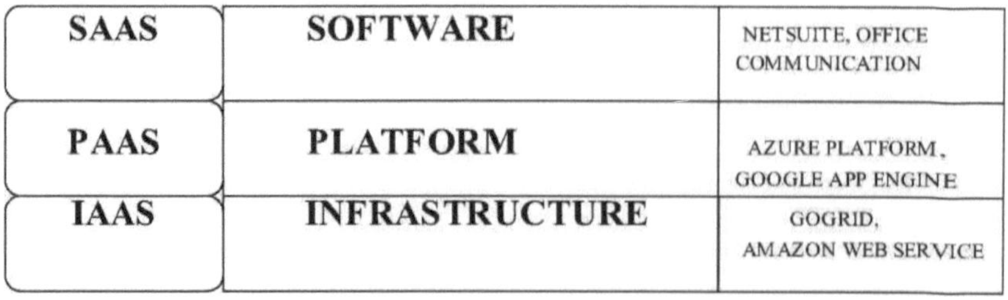

Figura 1.2 Tipos de serviços em nuvem

1.4 MODELOS DE ENTREGA EM NUVEM

As empresas podem optar por implementar aplicações em nuvens públicas, privadas ou híbridas. Os integradores de nuvem podem desempenhar um papel importante na determinação do caminho de nuvem apropriado para cada empresa.

1.4.1 Nuvem pública

As nuvens públicas são detidas e operadas por terceiros. Oferecem aos clientes economias de escala superiores, uma vez que os custos da infraestrutura são distribuídos por vários utilizadores, pelo que cada cliente beneficia de um modelo de atribuição atrativo e rentável. Todos os clientes utilizam o mesmo conjunto de infra-estruturas com configuração, proteção e disponibilidade limitadas. Tudo isto é gerido e mantido pelo fornecedor de serviços de computação em nuvem. Uma das vantagens de uma nuvem pública é o facto de poder ser maior do que uma nuvem empresarial, permitindo uma escalabilidade perfeita à medida que as necessidades mudam.

1.4.2 Nuvem privada

As nuvens privadas são criadas exclusivamente para uma única empresa. O seu objetivo é responder às preocupações de segurança dos dados e oferecer um maior controlo, o que geralmente não acontece numa nuvem pública. Existem dois tipos de nuvem privada:

- Nuvem privada no local
- Nuvem privada com alojamento externo

1.4.2.1 Nuvem privada disponível

As nuvens privadas no local, também conhecidas como nuvens internas, estão alojadas no seu próprio centro de dados. Este modelo oferece processos e segurança mais normalizados, mas é limitado em termos de dimensão e escalabilidade. Além disso, o departamento de TI tem de suportar os custos de capital e de funcionamento dos recursos físicos. Este modelo é mais adequado para aplicações que requerem um controlo e uma adaptação completos da infraestrutura e da segurança.

1.4.2.2 Nuvem privada com alojamento externo

Este tipo de nuvem privada é alojado externamente por um fornecedor de nuvem que fornece um ambiente de nuvem exclusivo com uma garantia total de proteção dos dados. É mais adequado para as empresas que não preferem a nuvem pública devido à partilha de recursos físicos.

1.4.3 Nuvem híbrida

As nuvens híbridas combinam modelos de nuvem pública e privada. Numa nuvem híbrida, os fornecedores de serviços podem utilizar a totalidade ou parte de fornecedores de nuvem de terceiros, aumentando a flexibilidade do processamento de dados. Um ambiente de nuvem híbrida é capaz de escalar a pedido e atribuir recursos externos. A capacidade de adicionar recursos de nuvem pública à nuvem privada pode ser usada para lidar com picos inesperados na carga de trabalho.

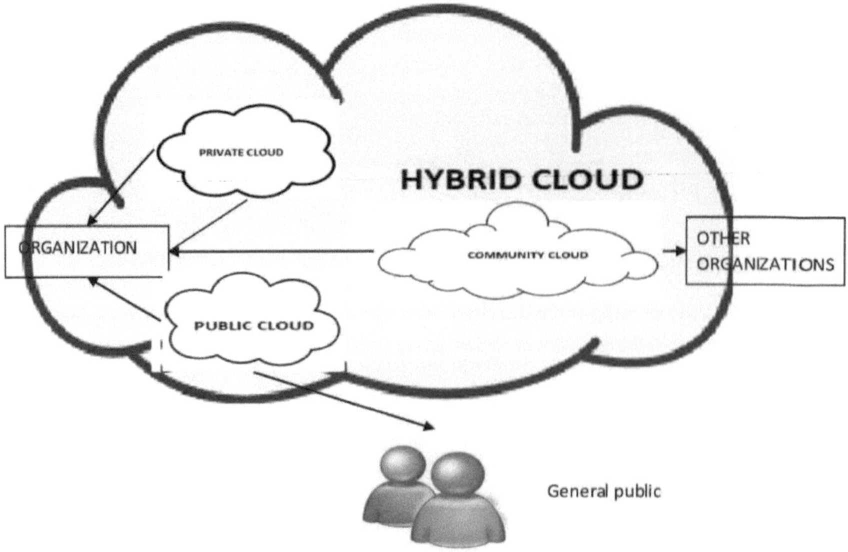

Figura 1.3 Modelos de computação em nuvem

1.5 BENEFÍCIOS DA COMPUTAÇÃO EM NUVEM

As empresas precisam de transformar as suas aplicações para explorar os modelos de arquitetura oferecidos pela computação em nuvem. Alguns dos benefícios típicos são descritos a seguir:

J Redução dos custos

J Aumento da capacidade de armazenagem

J Flexibilidade

1.5.1 Redução de custos

Há uma série de razões pelas quais a tecnologia de nuvem pode ser considerada mais económica. O modelo de faturação é baseado na utilização; a infraestrutura não é comprada, o que reduz os custos de manutenção. Os custos iniciais e recorrentes são muito inferiores aos da TI tradicional.

1.5.2 Aumento da capacidade de armazenamento

Com a enorme infraestrutura que os fornecedores de serviços em nuvem oferecem atualmente, o armazenamento e a gestão de grandes quantidades de dados tornaram-se uma realidade. Mesmo os picos súbitos de carga podem ser geridos de forma rápida e eficiente, porque a nuvem pode ser escalada dinamicamente.

1.5.3 Flexibilidade

Esta é uma caraterística muito importante. Uma vez que as empresas têm de se adaptar cada vez mais rapidamente à evolução das condições comerciais, a rapidez de implementação dos serviços é essencial. Na computação em nuvem, a tónica é colocada na rápida colocação das aplicações no mercado, utilizando os blocos de construção mais adequados para a implantação.

1.6 OS DESAFIOS DA COMPUTAÇÃO EM NUVEM

Apesar da crescente influência da computação em nuvem, ainda existem algumas reservas em relação à mesma. Na nossa opinião, as vantagens superam as desvantagens e é um modelo que vale a pena explorar. As preocupações mais comuns incluem

J Proteção de dados

J Recuperação e disponibilidade de dados

J Opções de gestão

J Restrições regulamentares e de conformidade

1.6.1 Proteção de dados

A segurança dos dados é um elemento crítico que requer muita atenção. As empresas têm relutância em adquirir garantias de segurança dos dados comerciais junto dos fornecedores. Receiam perder dados para a concorrência e pôr em risco a confidencialidade dos dados dos consumidores. Em muitos casos, o local real onde os dados são armazenados não é divulgado, o que aumenta as preocupações das empresas em matéria de segurança. Nos modelos anteriores, as firewalls nos centros de dados (propriedade da empresa) protegem esta informação sensível. No modelo de nuvem, os fornecedores de serviços são responsáveis pela segurança dos dados e as empresas têm de confiar neles.

1.6.2 Recuperação e disponibilidade de dados

Todas as aplicações comerciais estão sujeitas a acordos de nível de serviço que devem ser rigorosamente cumpridos. As equipas de operações desempenham um papel fundamental na gestão dos SLA e no funcionamento das aplicações. Em ambientes de produção, as equipas de operações apoiam

J Clustering e fail over

J Replicação de dados

J Monitorização do sistema (acompanhamento das transacções, protocolos, etc.)

J Manutenção (gestão do tempo de execução)

J Recuperação de desastres

J Gestão das capacidades e do desempenho

1.6.3 Opções de gestão

Embora existam muitos fornecedores de serviços em nuvem, a gestão de plataformas e infra-estruturas ainda está a dar os primeiros passos. Caraterísticas como o escalonamento automático são um pré-requisito importante para muitas empresas. Existe um enorme potencial de melhoria nas funções de escalonamento e balanceamento de carga oferecidas atualmente.

1.6.4 Restrições regulamentares e de conformidade

Em alguns países europeus, a regulamentação governamental não permite o armazenamento físico dos dados pessoais dos clientes e de outras informações sensíveis fora do Estado ou do país. Para cumprir esses requisitos, os fornecedores de serviços de computação em nuvem devem estabelecer um centro de dados ou uma instalação de armazenamento exclusivamente no país em causa. A criação de uma infraestrutura deste tipo nem sempre é possível e constitui um grande desafio para os fornecedores de serviços de computação em nuvem. Com a computação em nuvem, o foco passa a ser a interface, ou seja, a interação entre os fornecedores de serviços e vários grupos de utilizadores de serviços. Os serviços em nuvem exigem conhecimentos especializados em serviços distribuídos, aprovisionamento, avaliação de riscos e harmonização de serviços - domínios em que muitas empresas têm apenas competências modestas.

1.7 RESPEITO PELA CONFIDENCIALIDADE

Embora o armazenamento de dados empresariais em servidores remotos não seja novidade, a atual expansão da computação em nuvem exige um olhar mais atento às suas implicações práticas para a privacidade e a proteção de dados. Uma vez que os utilizadores já não são proprietários dos dados armazenados, os primitivos criptográficos tradicionais não podem ser utilizados diretamente para proteger a segurança dos dados. Em particular, o simples descarregamento de todos os dados para verificar a sua integridade não é uma solução prática devido ao elevado custo das E/S e da transmissão pela rede. Além disso, muitas vezes não é suficiente detetar a corrupção dos dados apenas quando estes são acedidos, pois isso não dá aos utilizadores a confiança de que os dados que não estão a ser acedidos estão corretos e pode ser demasiado tarde para remediar a perda ou corrupção dos dados. Para garantir plenamente a integridade dos dados e preservar os recursos informáticos dos utilizadores da computação em nuvem, bem como a carga na Internet, é essencial oferecer um serviço público de auditoria para o armazenamento de dados na nuvem, de modo a que os utilizadores possam, se necessário, recorrer aos serviços de um auditor independente para verificar os dados externalizados. Um auditor independente, com conhecimentos e competências de que os utilizadores não dispõem, pode verificar regularmente a integridade de todos os dados armazenados na nuvem em nome dos utilizadores e oferece aos utilizadores uma forma muito mais simples e económica de garantir que os dados armazenados na nuvem são armazenados corretamente. Em suma, a prestação de serviços públicos de auditoria desempenhará um papel importante na economia emergente da nuvem, em que os utilizadores precisam de meios para avaliar os riscos e ter confiança na nuvem.

Capítulo 2

REVISÃO DA LITERATURA

1 Um modelo de confiança para medir o nível de segurança de um serviço de computação em nuvem

Rizwana Shaikh 2015

Um modelo de confiança utilizado para avaliar o nível de segurança de um serviço em nuvem. Consiste num valor de confiança que representa o nível de segurança global do serviço de computação em nuvem. O valor de confiança pode ser estimado a partir de uma lista de parâmetros que abrange quase todos os aspectos importantes da segurança. Para avaliar o valor de confiança, é formulada uma avaliação baseada na confiança. É definida uma lista desses parâmetros. As caraterísticas e as especificações do serviço de computação em nuvem são utilizadas para estimar o valor da confiança e são designadas por confiança estática. O valor da confiança é influenciado pela experiência dos utilizadores e das transacções durante um determinado período. Para a avaliação da confiança dinâmica, é formulado um conjunto mais refinado de parâmetros. A confiança estática e a confiança dinâmica geralmente determinam a segurança dos serviços em nuvem. O modelo de confiança serve, portanto, como um serviço de avaliação e classificação da segurança para aplicações e serviços em nuvem. Pode ser utilizado como referência para avaliar a segurança dos serviços em nuvem e para identificar lacunas e melhorias na infraestrutura de nuvem.

2 Classificação dos dados para uma melhor segurança da computação em nuvem Rizwana Shaikh 2015

A classificação de dados é o processo de identificação de diferentes níveis de dados e de definição do seu grau de sensibilidade. É necessária em várias fases da criação, modificação, instalação ou transferência de dados. A classificação dos dados determina o nível de proteção dos dados e o valor dos mesmos em termos de activos comerciais. A classificação dos dados baseia-se em diferentes aspectos. Alguns classificam os dados de acordo com o risco associado à sua divulgação. Os dados são classificados como públicos, internos, confidenciais (ou estritamente confidenciais), restritos, legalmente exigidos ou estritamente secretos. Outros classificam os dados com base na forma como foram criados, na identidade dos utilizadores, nos padrões de utilização, etc. Os parâmetros são definidos com base em diferentes dimensões. A segurança dos dados pode ser garantida de acordo com o nível e a necessidade de proteção. Podem ser aplicadas medidas de segurança adequadas no repositório com base nos dados classificados de acordo com os parâmetros.

3 Panorama do estado da arte em matéria de desafios, abordagens e soluções de segurança da computação em nuvem Farrukh Shahzad 2015

Este documento analisa vários estudos efectuados no domínio da computação em nuvem sobre questões de segurança e privacidade. O principal objetivo deste documento é compreender melhor as questões de segurança na computação em nuvem e identificar as abordagens e soluções propostas e adoptadas pelo sector dos serviços em nuvem. A computação em nuvem é uma tecnologia revolucionária que tem o potencial de melhorar a colaboração, a flexibilidade, a escalabilidade e a disponibilidade, e oferece oportunidades para reduzir os custos através de um processamento de dados optimizado e eficiente. O modelo de computação em nuvem prevê um mundo em que os componentes podem ser rapidamente organizados, implantados, aprovisionados e desactivados, e em que podem ser aumentados ou reduzidos para proporcionar um modelo de distribuição e consumo a pedido.

4 Uma panorâmica e análise das questões de segurança, privacidade e confiança em ambientes de computação em nuvem Dawei Sun 2015.

O objetivo deste documento é identificar as principais questões de segurança, privacidade e confiança nos ambientes de computação em nuvem existentes e ajudar os utilizadores a identificar as ameaças físicas e intangíveis associadas à sua utilização. A nossa contribuição pode ser resumida da seguinte forma: (a) uma revisão das principais questões de privacidade, segurança e confiança que constituem uma ameaça nos actuais ambientes de computação em nuvem; e (b) uma análise do modo como estas potenciais ameaças à segurança, à privacidade e à confiança podem ser abordadas para garantir um elevado nível de segurança, confiança e fiabilidade nos ambientes de computação em nuvem. O objetivo do presente documento é, por conseguinte, destacar as principais questões de segurança, privacidade e confiança nos ambientes de computação em nuvem existentes e ajudar os utilizadores a identificarem as ameaças físicas e jurídicas associadas.

5 Proteção segura de dados para serviços de nuvem a pedido Chandramohan Dhasarathan 2015

Isto garante que as informações sensíveis do utilizador são mantidas em segredo através da tecnologia moderna. O que é ainda mais notável é que mesmo o fornecedor de serviços de computação em nuvem não tem qualquer presunção sobre as informações e os dados digitais que são armazenados e mantidos globalmente algures na nuvem. O sistema proposto é um dos desafios de investigação obrigatórios no domínio da computação em nuvem. Propusemos um modelo de privacidade para evitar a perda de dados digitais na nuvem (PPM-DDLC). Esta proposta ajuda os VC (clientes/utilizadores de computação em nuvem) a confiar nas informações e dados sensíveis que armazenam na nuvem. Foram desenvolvidas muitas tecnologias para o armazenamento de dados na nuvem e a portabilidade da informação entre diferentes fornecedores de serviços de computação em nuvem, principalmente com base em acordos de nível de serviço e em políticas dos fornecedores de serviços de computação em nuvem. Neste mundo em rápida evolução da computação em nuvem, os utilizadores são autorizados a partilhar os seus dados armazenados com um fornecedor como opção de portabilidade. A computação em nuvem é complementar e inclui serviços sem descontinuidades para satisfazer todos os tipos de necessidades empresariais no mais curto espaço de tempo possível, sem comprometer a proteção dos dados. A computação em nuvem consiste em diferentes camadas para processar informações e disponibilizar recursos informáticos a pedido.

Capítulo 3

CONCEPÇÃO DO SISTEMA

3.1 Sistema atual :

Esta abordagem visa resolver o problema da portabilidade na nuvem. Os utilizadores podem armazenar as suas credenciais e informações com os fornecedores de serviços de computação em nuvem de confiança adequados até que o utilizador marque a sua posição como inadequada para um determinado PC. Mesmo as ofertas dos fornecedores de serviços de computação em nuvem podem não conseguir rastrear as informações dos clientes armazenadas com eles. Não têm uma visão clara de onde se encontram os dados reais no seu PC na nuvem. Com esta proposta, pretendemos resolver este problema minimizando os riscos e maximizando os benefícios para fornecedores e utilizadores. Normalmente, os dados têm atributos publicamente disponíveis que mostram distorções e medidas de incerteza que são informações privadas. A informação sobre dados ocultos tem impacto na sua divulgação na nuvem. Por conseguinte, os fornecedores públicos e privados de serviços de computação em nuvem precisam de proteger os dados em diferentes áreas, tais como dados categóricos, entrada optimizada, eliminação de dados de baixa probabilidade, agregação equivalente, distribuição gaussiana, informações secundárias e divulgação sequencial, a fim de serem fiáveis e seguros na nuvem. As interrupções ruidosas na fonte de dados prescritas pelos fornecedores de serviços na nuvem tornam necessário conceber um sistema que evite a perda de informações sensíveis. Os modelos baseados em redes de Petri tornaram-se uma ferramenta de modelação que nos permite construir o nosso próprio sistema, com paralelismo, sincronização e incerteza. A utilização de redes de Petri estocásticas tornou-se particularmente importante para a modelação de simulações automáticas do sistema de computação em nuvem. A utilização das redes de Petri contribui para o desenvolvimento de teorias e métodos de distribuição. Podem ser utilizadas para analisar processos lógicos e quantitativos. Na Figura 1, a segurança é uma das métricas mais importantes para um fornecedor de serviços de computação em nuvem, uma vez que utiliza a cifragem para o armazenamento e a transmissão de dados, a autenticação e a autorização dos utilizadores e se preocupa com a responsabilidade dos utilizadores da nuvem em caso de acesso a dados isolados por intrusos, como hackers, crackers e funcionários descontentes. Os fornecedores de serviços de computação em nuvem estão bem cientes deste problema e estão a trabalhar arduamente para neutralizar este tipo de catástrofe. A fiabilidade e a confiança são também questões importantes que mantêm os fornecedores de serviços de computação em nuvem atentos ao mercado atual, tanto do ponto de vista financeiro como tecnológico. Ao utilizarem métodos de armazenamento redundantes, alguns fornecedores de serviços de computação em nuvem modificam os dados originais aí armazenados, o que resulta numa transferência de propriedade de um fornecedor para outro. A propriedade dos dados CR foi transferida para a nuvem; alguns utilizadores estão preocupados que

O facto de poderem perder alguns dados, ou de o PC pensar que nem todos os seus direitos são capazes de proteger os direitos dos seus clientes favoritos.

3.1.1 Arquitetura do sistema existente

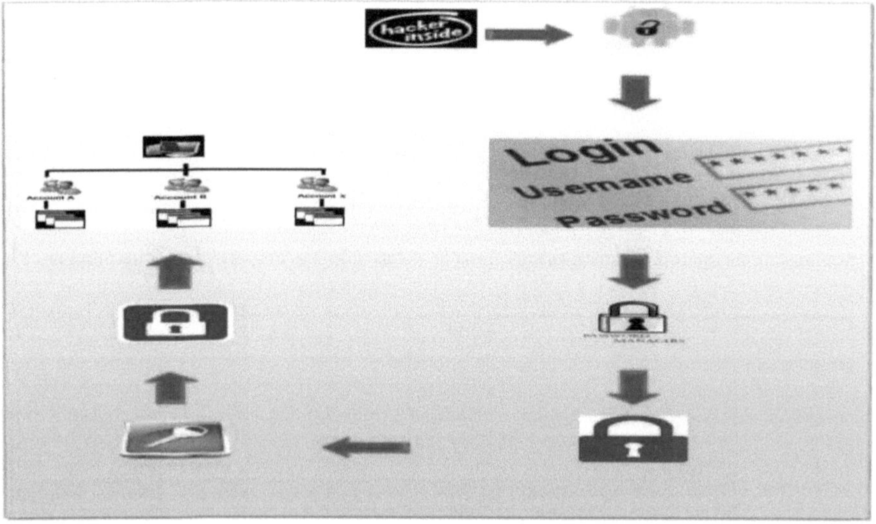

Fig. 3.1 Arquitetura do sistema existente

3.1.2 Desvantagens

> Portabilidade

> Interoperabilidade

> Os ficheiros na nuvem não estão protegidos.

3.2 Sistema proposto:

O armazenamento de dados em servidores de armazenamento não fiáveis torna a partilha segura de dados um desafio. Por um lado, as políticas de acesso aos dados devem ser aplicadas nesses servidores de armazenamento e, por outro, a confidencialidade dos dados sensíveis deve ser protegida de forma segura contra eles. Um esquema AES comutado que resolve o problema da revogação de certificados e do depósito de chaves e preserva a confidencialidade dos dados na nuvem. Uma vez que a maioria dos métodos AES se baseia no emparelhamento bilinear, requerem muito tempo de computação. O método AES não explora o problema da formação de pares. O mediador de segurança trata da eliminação imediata de dados de utilizadores comprometidos ou maliciosos e actua como um sistema de aplicação de políticas. Este método é mais eficaz do que o baseado no emparelhamento bilinear. Para resolver o problema da partilha de informações sensíveis no armazenamento em nuvem, foi proposto um método AES com listas de controlo de acesso. A lista de controlo de acesso contém as informações do utilizador e esta lista é transmitida à nuvem e ao proprietário dos dados para verificação. O armazenamento em nuvem não efectua totalmente o processo de desencriptação, a fim de preservar a confidencialidade dos dados e das informações essenciais. A extensão da abordagem AES permite ao proprietário dos dados melhorar o processo de encriptação de forma eficiente e alcançar um elevado nível de segurança independente no sistema de nuvem.

3.2.1 Vantagens :

- Método do texto cifrado de tamanho constante
- Um número limitado de utilizadores que cumprem as diretrizes de acesso.
- Melhoria da eficiência do sistema no intercâmbio de dados

• Capítulo 4

REQUISITOS DO SISTEMA

4.1 REQUISITOS DE EQUIPAMENTO

0 Processador	Processador dual-core 2.6.0
0 RAM	1 GO
0 Disco rígido	160 GO
0 Disco compacto	650 Mb
0 Teclado	teclado standard
0 Monitor	Ecrã a cores de 15 polegadas

4.2 REQUISITOS DE SOFTWARE

- O sistema operativo	Windows OS 7
- Secção frontal	PHP
- IDE	Macromedia DreamWeaver :
- Secção traseira	Servidor MySQL

Fig. 4.1 Arquitetura do sistema

4.3SYSTEM ARCHITECTURE

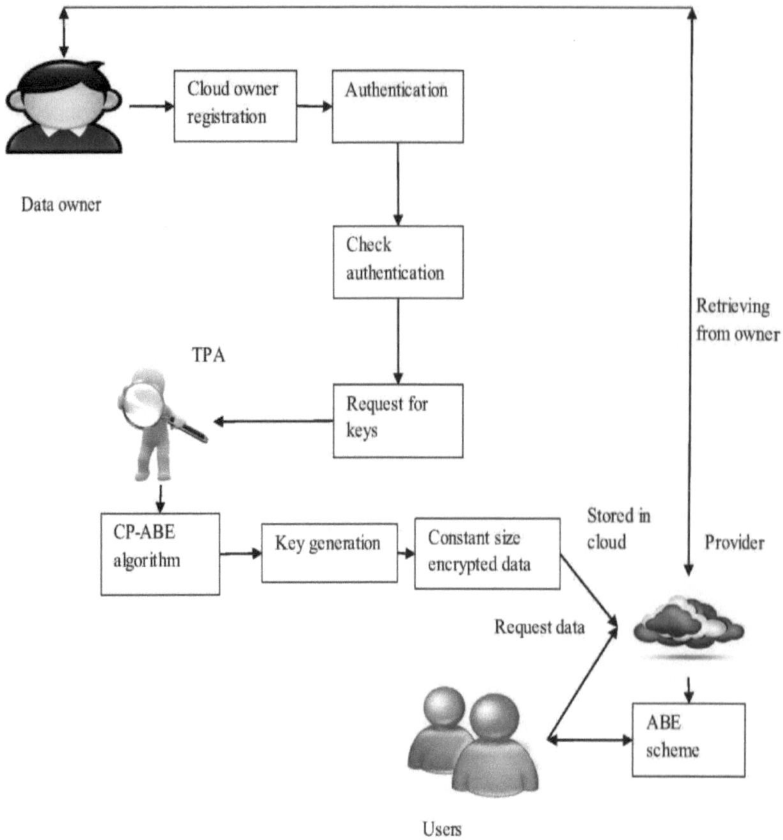

Capítulo 5

PRODUÇÃO

5.1 OS MÓDULOS DESINTEGRARAM-SE

- Estrutura da nuvem
- Pedido de chave
- Encriptação de dados
- Mecanismo de controlo de acesso
- Critérios de avaliação

5.2 DESCRIÇÃO DO MÓDULO

Estrutura de nuvem :

No último ano, a nuvem tem sido o tema mais quente nas TI. A introdução da computação em nuvem revolucionou o sector das TI. A computação em nuvem é a última tendência a propor um modelo diferente para as TI. A computação em nuvem é uma nova tecnologia que combina técnicas existentes com novos paradigmas tecnológicos. Esta tecnologia consiste na partilha de diferentes recursos, como software e hardware, e na troca de informações com utilizadores e outras pessoas através da Internet, sempre que necessário. Um serviço de nuvem é um serviço disponibilizado aos utilizadores através da nuvem. Existem algumas desvantagens na utilização da computação em nuvem, como a proteção dos dados e a segurança dos dados dos utilizadores, que são aspectos muito importantes. A computação em nuvem requer a utilização de recursos informáticos partilhados. Com o desenvolvimento contínuo da tecnologia de computação em nuvem, a sua utilização está a tornar-se cada vez mais generalizada. Atualmente, a computação em nuvem é frequentemente utilizada com diferentes sinónimos, como computação em grelha, computação em clusters, computação distribuída e computação autónoma. A privacidade é uma questão importante na computação em nuvem, quando um utilizador pretende utilizar dados que contêm informações pessoais sensíveis. Com o rápido desenvolvimento da tecnologia da Internet, a publicação de dados respeitadores da privacidade tornou-se um dos principais temas de investigação e, nos últimos anos, tornou-se um problema sério na publicação de dados pessoais. Para os proprietários de dados, que estão cada vez mais preocupados com a privacidade dos dados que contêm informações pessoais sobre indivíduos, a publicação de dados que preservam a privacidade é uma questão séria.

Neste módulo, o armazenamento de dados na nuvem é gerido por três entidades diferentes, por exemplo, um proprietário de nuvem que necessita de armazenar uma grande quantidade de ficheiros na nuvem; um servidor de nuvem gerido por um fornecedor de serviços de nuvem para fornecer serviços de armazenamento de dados e que dispõe de um espaço de armazenamento e de recursos informáticos consideráveis; um auditor externo que possui conhecimentos e competências que os utilizadores da nuvem não possuem e que é considerado capaz de avaliar a fiabilidade do armazenamento na nuvem em nome do utilizador, a pedido deste; utilizadores

Pedido importante:

Um auditor externo está incluído neste módulo. Para ultrapassar a ameaça à integridade dos dados, o utilizador deve poder solicitar a ajuda de um auditor externo (TPA). O TPA tem conhecimentos especializados que os utilizadores da nuvem não têm e verifica a integridade, que é difícil de verificar pelos utilizadores. O utilizador pode transferir a tarefa de verificação da integridade para o TPA, para que este não possa manipular os dados do cliente em qualquer direção. Além disso, controla o serviço entre o consumidor e o cliente. Cada ação é gerida pelo TPA, que actua como um nó intermediário. A verificação da integridade dos dados é um novo papel para o TPA devido às suas competências experientes. Os auditores sabem quais são as ameaças e quais são as melhores práticas. Dispõem também dos recursos necessários para verificar a conformidade dos processos e a qualidade dos serviços. O TPA será capaz de verificar todas as ameaças nos serviços de armazenamento online no servidor da nuvem. Neste módulo, podemos gerar chaves que são solicitadas pelo proprietário dos dados. O TPA analisa o tamanho dos ficheiros e os atributos do proprietário para gerar chaves e, em seguida, divide os ficheiros em fragmentos. As chaves são enviadas para o proprietário dos dados.

encriptação de dados :

Neste módulo, propomos a primeira construção de encriptação baseada em atributos de texto cifrado e encriptação baseada em políticas (CP-ABE) para resolver este problema, e apresentamos a primeira construção de um sistema deste tipo. No nosso sistema, a chave privada do utilizador está associada a um número arbitrário de atributos expressos como cadeias de caracteres. Quando uma parte encripta uma mensagem no nosso sistema, especifica uma estrutura de acesso ao atributo associado. Um utilizador só pode decifrar o texto cifrado se os atributos desse utilizador passarem pela estrutura de acesso ao texto cifrado. Matematicamente, as estruturas de acesso são descritas no nosso sistema por uma "árvore de acesso" monotónica, em que os nós da estrutura de acesso são portas de limiar e as folhas descrevem os atributos.

Mecanismo de controlo de acesso :

O controlo de acesso é uma política ou procedimento que autoriza, nega ou restringe o acesso a um sistema. Pode também monitorizar e registar todas as tentativas de acesso ao sistema. O controlo do acesso pode também identificar os utilizadores que tentam obter acesso não autorizado ao sistema. Trata-se de um mecanismo muito importante para defender a segurança informática. Neste módulo, o utilizador liga-se ao fornecedor de serviços na nuvem para aceder aos ficheiros do proprietário da nuvem. O proprietário dos dados autoriza o utilizador utilizando chaves secretas.

Critérios de avaliação :

A computação em nuvem trouxe muitos benefícios para o mundo do processamento de dados. No entanto, para além destas vantagens, há algumas questões de segurança que têm de ser abordadas para garantir que se trata efetivamente de um serviço de Internet seguro. A mudança para a nuvem não é fácil, mas se for cuidadosamente planeada e implementada, oferece benefícios em muitas áreas, nomeadamente em termos de redução de custos e recursos. Avaliar o desempenho do sistema utilizando métricas como a carga de armazenamento, os custos de comunicação e os custos de computação. O sistema que propomos é um modelo de alto desempenho para o controlo de acesso na computação em nuvem. Tem uma estrutura hierárquica e utiliza um relógio para fornecer uma chave de desencriptação em função do tempo. Este modelo proporciona segurança e controlo de acesso na computação em nuvem. As principais operações deste modelo são a gravação, o carregamento de ficheiros, o descarregamento de dados do proprietário do ficheiro e a eliminação de ficheiros.

5.3 DIAGRAMAS UML

Um diagrama de casos de utilização :

Os diagramas de casos de utilização são utilizados para analisar os requisitos do sistema a um nível elevado. Na análise dos requisitos do sistema, as funcionalidades são registadas em cenários de casos de utilização. Podemos, portanto, dizer que os casos de utilização não são mais do que as funcionalidades de um sistema que são registadas de forma organizada. A segunda coisa que é relevante para os casos de utilização são os actores. Os actores podem ser definidos como algo que interage com o sistema. Os actores podem ser pessoas, aplicações internas ou externas.

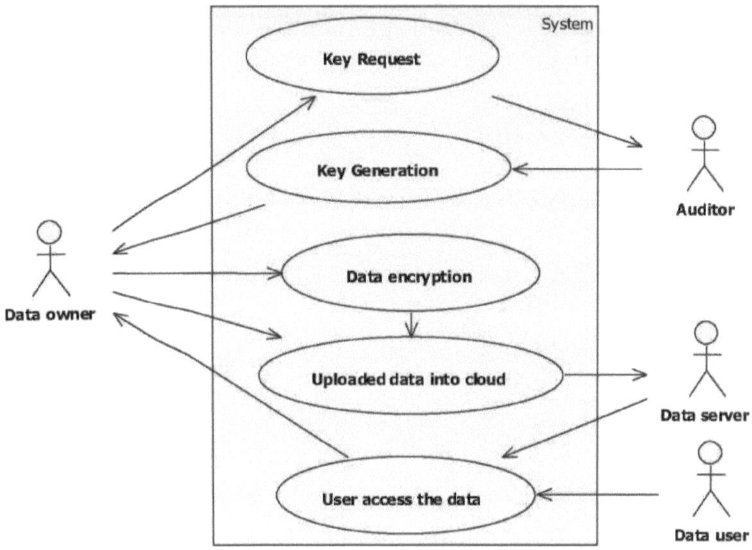

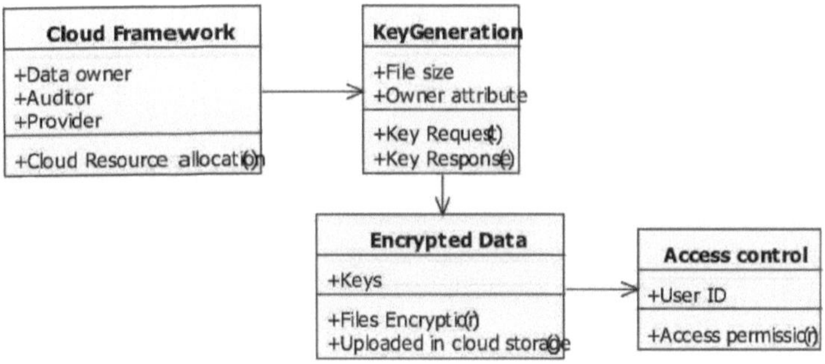

Sequence diagram:

Diagrama de classes :

Um diagrama de classes é um diagrama estático. É uma representação estática de uma aplicação. Um diagrama de classes é utilizado não só para visualizar, descrever e documentar diferentes aspectos de um sistema, mas também para criar o código executável de uma aplicação de software.

Um diagrama de sequência modela a interação de objectos com base numa sequência temporal. Mostra como os objectos interagem com outros num determinado cenário de utilização. Graças às funções avançadas de modelação visual, é possível criar diagramas de sequência complexos com apenas alguns cliques.

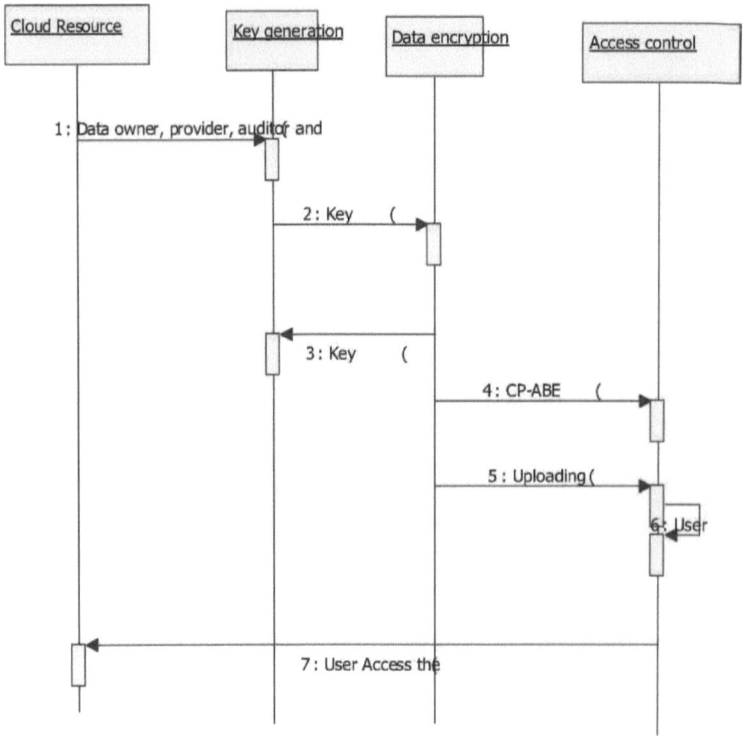

Diagrama de colaboração :

Um diagrama de colaboração, também conhecido como diagrama de comunicação ou diagrama de interação, é uma representação das relações e interações entre objectos de software na Linguagem de Modelação Unificada (UML). Um diagrama de colaboração descreve as interações entre objectos sob a forma de mensagens sequenciais. Os diagramas de interação são uma combinação de informações dos diagramas de classes, de sequência e de casos de utilização que descrevem a estrutura estática e o comportamento dinâmico de um sistema.

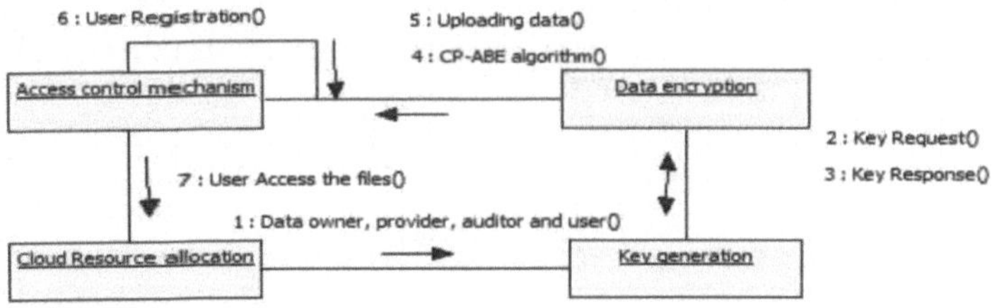

Diagrama de fluxo de dados :

Nível 0 :

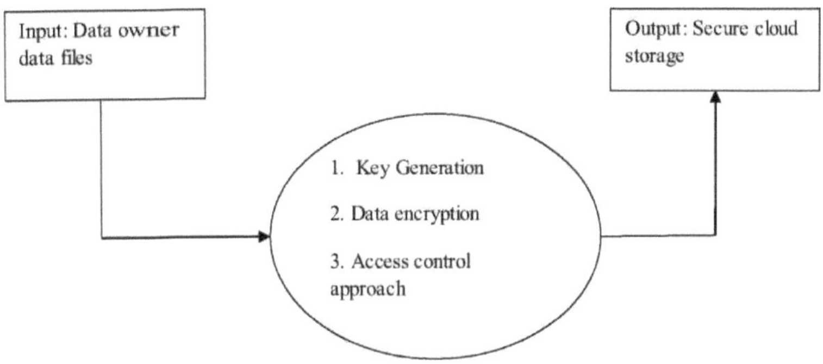

Passo 1:

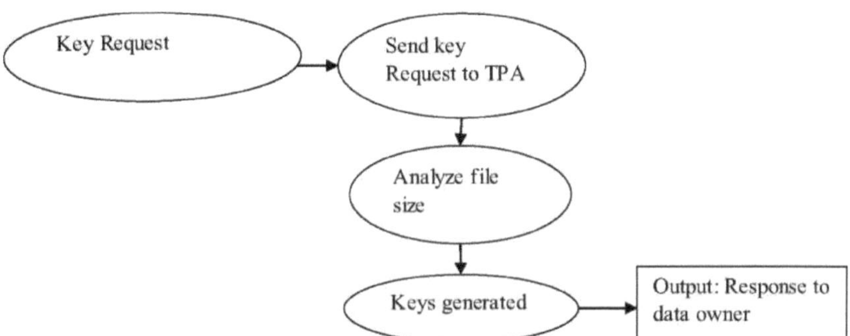

Level 2:

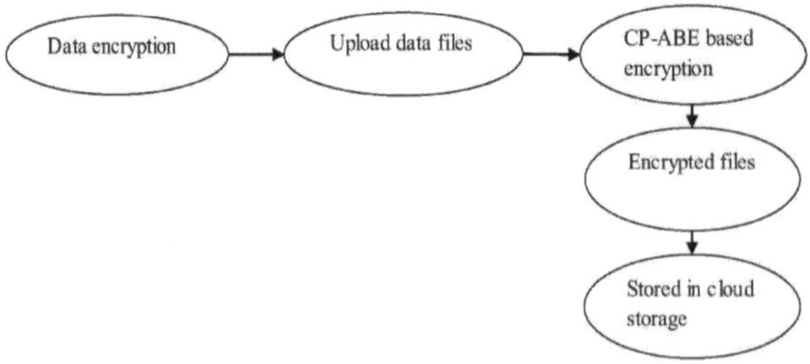

Nível 3:

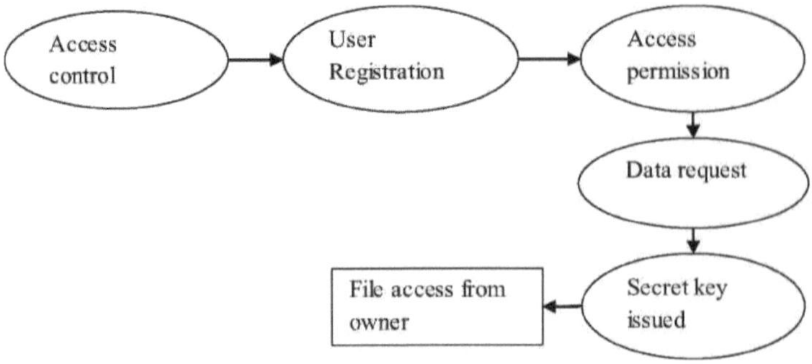

5.4 DADOS TÉCNICOS

Personalizar ()

O algoritmo de afinação recebe como entrada um parâmetro de segurança #e uma descrição do pequeno universo U= {1, 2, 3..., I}. Começa por executar G (#) para obter (P,G,G_T,e), em que G e e G_T são pr-grupos cíclicos,

It then chooses g,u,v,d $\sum$ G,and α,a $\sum$ Z_p^*uniformly at random, for each attribute i $\sum$ U. It chooses a random value Si $\sum$ Z* p and a collision-resistant hash function H:G$\longrightarrow$ Z_p^*,the public parameters PK = (G, G_T ,e,g,u,v,d,g^a , e(g, g)$^\alpha$,T_i $g^i \forall$ i ,H). It outputs a master public key and master secret key MSK= α.

$K = g^{\alpha} g^{at}$

$K_0 = g^t K_i =$

$T_i^t \forall\ i \in s$

KeyGen ()

O algoritmo de geração de chaves seleciona aleatoriamente t $\sum Z^*$ p

Atribui uma chave de conversão e uma chave de desencriptação.

Encriptar ()

O algoritmo de encriptação utiliza parâmetros públicos, uma mensagem e uma estrutura de acesso. A estrutura de acesso é composta por atributos e suas atribuições.

$$C = u_{H(M)} v_{H(M)} d$$

$$C_1 = M.\ e(g.\ g)^{\alpha_s}$$

$$C_{1'} = g_s C_{1,i} =$$

$$g_{a,A^i,v} T_{-r1,i\rho}(i)$$

$$D_{1,i} = g^{r1,i}\ \forall\ i \in \{1,2, \ldots ,1\}$$

$$C_2 = M.\ e(g.\ g)^{\alpha_s}$$

$$C_{2'} = g_s C_{2,i} =$$

$$g_{a,A^i,v} T_{-r2,i\rho}(i)$$

$$D_{2,i} = g^{r2,i}\ \forall\ i \in \{1,2, \ldots ,1\}$$

Emite textos numéricos de TC sob a forma de,

Encrypted data $CT=((A,\rho),\hat{c},C_1,C_1',C_{1,i},D_{1,i},C_2,C_2',C_{2,i},D_{2,i})$

Conversão ()

Este algoritmo gera um texto cifrado transformado. Este algoritmo recebe como entrada os parâmetros públicos PK, o texto cifrado CT e a chave de transformação TKs para gerar o texto cifrado transformado CT'. Envia o texto cifrado transformado ao utilizador.

$$T_1' = [e(c_1', \frac{K'}{[(\prod_{i\in I}(e(C_{1,i},K_0').e(K_{\rho(i)}',D_{1,i}))^{\omega i})}]$$

$$= [e(g,g)^{\alpha s/z}e(g,g)^{ats/z}/[\prod_{i\in I}(e(g,g)^{atAi.v\omega i/z}$$

$$= e(g,g)^{\alpha s/z}$$

$$T_2' = [e(c_2', \frac{K'}{[(\prod_{i\in I}(e(C_{2,i},K_0').e(K_{\rho(i)}',D_{2,i}))^{\omega i})}]$$

$$= [e(g,g)^{\alpha s'/z}e(g,g)^{ats'/z}/[\prod_{i\in I}(e(g,g)^{atAi.v'\omega i/z}$$

$$= e(g,g)^{\alpha s'/z}$$

Descriptografar ()

O algoritmo de decifração utiliza os parâmetros públicos, o texto cifrado convertido e a chave de decifração

$$PK = (G,G_T,e,g,u,v,d,g^a,e(g,g)^\alpha,T_i = g^{si} = g\ \forall\ i,H)$$

$$CT = ((A,\rho),\hat{c},\ \hat{c},C_1,C_1',C_{1,i},D_{1,i},C_2,C_2',C_{2,i},D_{2,i},i)$$

$$CT' = (T{=}C,\ T_1 = C_1,\ T_1',\ T_2' = C_2,\ T_2').$$

$$RKs = z$$

Capítulo 6

CÓDIGO DE ORIGEM

6.1 CODE FOR ENCRYPTION

```
<?php                                          function

CryptFile($InFileName,$OutFileName,$password){

    //check the file if exists        if

(file_exists($InFileName)){

    //get file content as string

    $InFile = file_get_contents($InFileName);

    $StrLen = strlen($InFile);      //

get string char by char     for ($i =

0; $i < $StrLen ; $i++){

//current char

    $chr = substr($InFile,$i,1);

    //get password char by char

    $modulus = $i % strlen($password);

    $passwordchr = substr($password,$modulus, 1);
```

```
//encryption algorithm

$OutFile .= chr(ord($chr)+ord($passwordchr));

}

$OutFile = base64_encode($OutFile);

//write to a new file    if($newfile =

fopen($OutFileName, "c")){

file_put_contents($OutFileName,$OutFile);

fclose($newfile);    return true;    }else{

return false;

}    }else{

return false;

}

}

?>
```

6.2 CODE FOR DECRYPTION

```
<?php

DecryptFile($InFileName,$OutFileName,$password){
```

```
//check the file if exists      if
(file_exists($InFileName)){
//get file content as string
$InFile = file_get_contents($InFileName);
$InFile = base64_decode($InFile);
// get string length
$StrLen = strlen($InFile);    //
get string char by char    for ($i =
0; $i < $StrLen ; $i++){
//current char
$chr = substr($InFile,$i,1);
//get password char by char
$modulus = $i % strlen($password);
$passwordchr = substr($password,$modulus, 1);
//encryption algorithm
$OutFile .= chr(ord($chr)-ord($passwordchr));
}
//write to a new file    if($newfile =
fopen($OutFileName, "c")){
file_put_contents($OutFileName,$OutFile);
fclose($newfile);    return true;    }else{
return false;
}    }else{
return false;
}
}
//Example
/* $orginalfile = 'orginal.jpg';
$crypt = 'crypt.jpg';
$decrypt = 'decrypt.jpg';
$password = 'pass';
CryptFile($orginalfile,$crypt,$password);
DecryptFile($crypt,$decrypt,$password);*/
?>
```

6.3 NÚMERO DE CONTROLO DA CHAVE

```
<?php include("include/protect.php");

include("include/dbconnect.php");

extract($_POST);

include("../abe_owner/decrypt.php");

$msg="";

$uname=$_SESSION['uname'];

$uid=$_REQUEST['uid'];

$fid=$_REQUEST['fid']; $qs3=mysql_query("select * from ab_owner_data where
id='".$fid."'");

 $rs3=mysql_fetch_array($qs3);
 $skey2=$rs3['dkey'];

$un=$rs3['uname'];

$q1=mysql_query("select * from ab_register where uname='$un'");

$r1=mysql_fetch_array($q1);

$pbkey=$r1['public_key'];



          if(isset($btn))
```

```
{
$skey=$_REQUEST['skey'];
if($skey==$skey2)
        {
        $efile=$rs3['file_name'];
@copy("../abe_owner/upload/$efile","../abe_owner/cloud/$efile");
$crypt = "../abe_owner/cloud/$efile";
$decrypt = "../abe_owner/cloud/$efile";
DecryptFile($crypt,$decrypt,$pbkey);
?>
<script language="javascript">
window.location.href="../abe_owner/download.php?file1=<?php echo $efile;
?>&folder1=cloud";
</script>
<?php
}
    else
    {
    $msg="Invalid Decryption Key!";
    }
}
?>
```

6.4 CAPTURAS DE ECRÃ

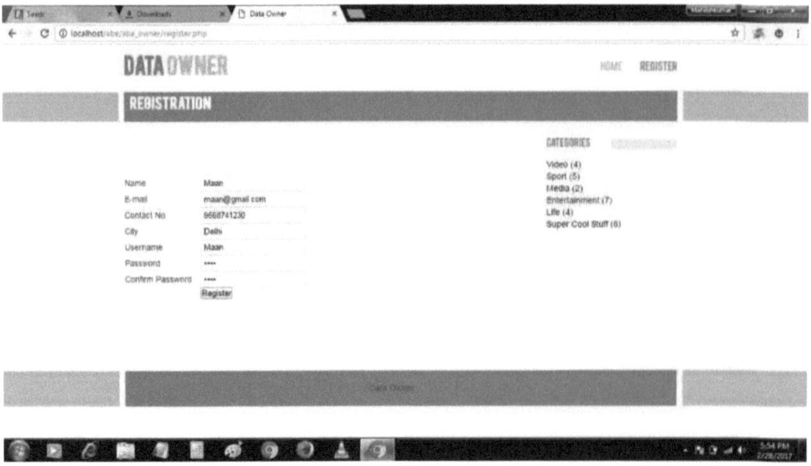

Fig. 6.1 Registar o proprietário dos dados

Fig. 6.2 Aceitação do proprietário dos dados pelo fornecedor de serviços de armazenamento em nuvem

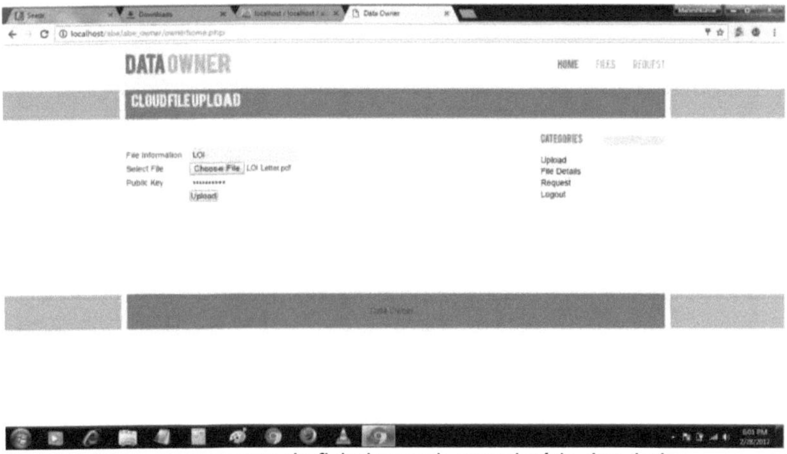

Fig. 6.3 Descarregamento de ficheiros pelo proprietário dos dados

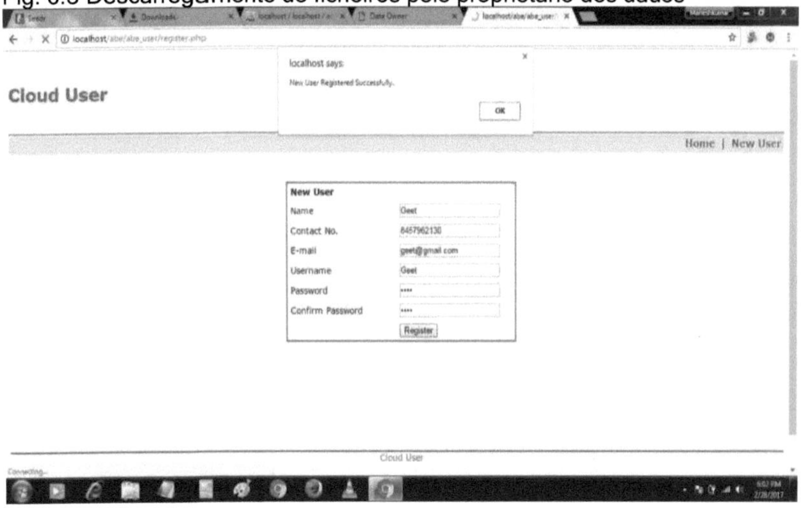

Fig. 6.4 Registo de utilizadores de dados

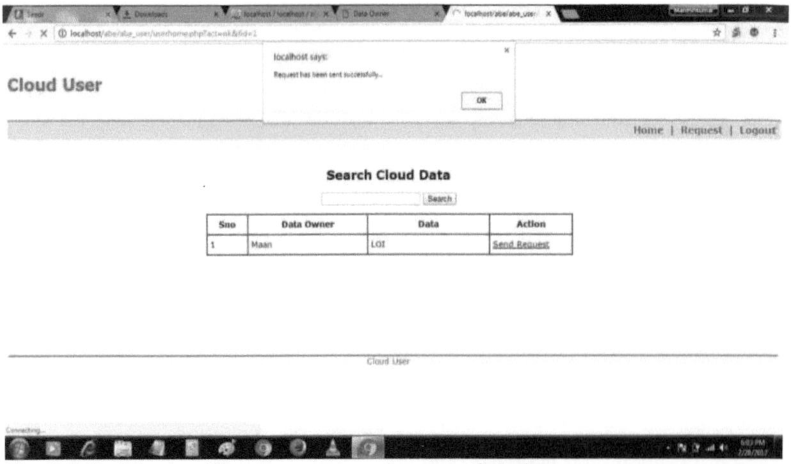

Fig. 6.5 Pedido do utilizador para aceder a um ficheiro

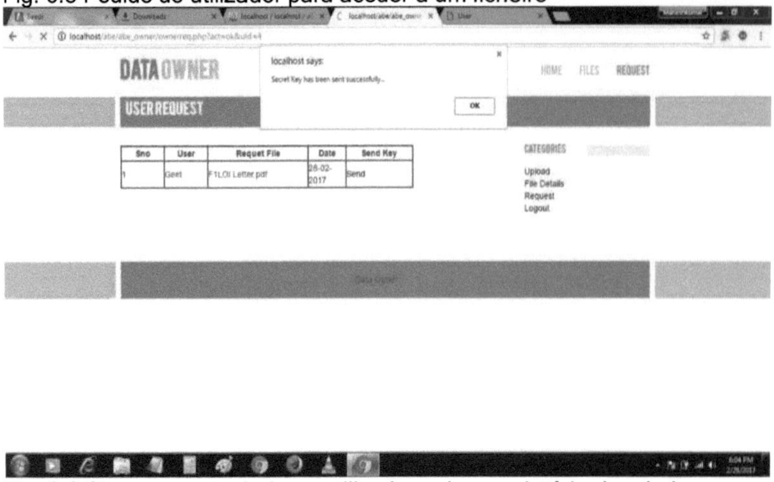

Fig. 6.6 Chave secreta dada ao utilizador pelo proprietário dos dados

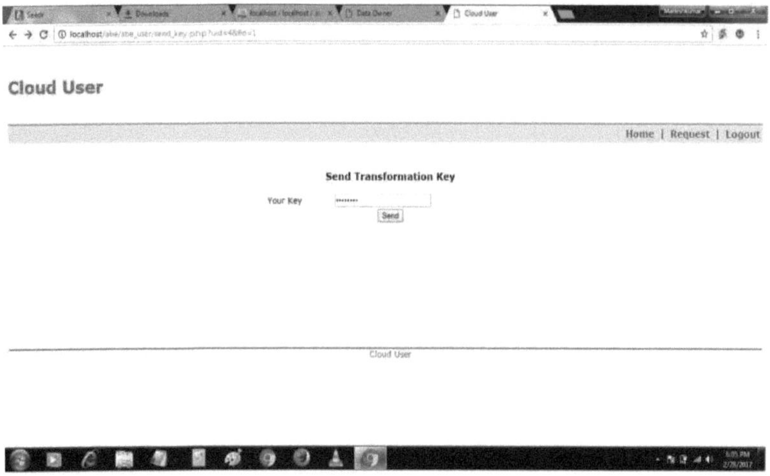

Fig. 6.7 Pedir uma chave de transformação

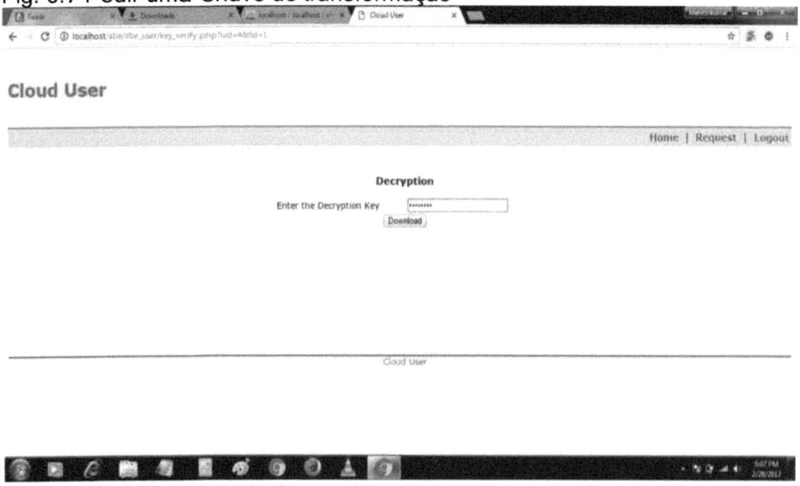

Fig. 6.8 Pedir a chave de desencriptação para o acesso do utilizador ao ficheiro

CONCLUSÃO E TRABALHO FUTURO

A segurança da computação em nuvem foi discutida e analisada no estudo anterior. Neste projeto, são examinadas algumas ameaças à privacidade e métodos para as ultrapassar. Enquanto algumas abordagens utilizam técnicas criptográficas tradicionais para proteger a privacidade, outras abordagens contornam-nas e centram-se em métodos alternativos de proteção da privacidade. São também discutidas abordagens à proteção da privacidade no contexto de auditorias públicas. Em resumo, todos os utilizadores da computação em nuvem precisam de ter a certeza de que os seus dados são sempre armazenados, processados e recuperados de forma segura. Pode ser desenvolvido um sistema de ficheiros autenticado para apoiar a migração de um sistema de ficheiros distribuído de classe empresarial para a nuvem de uma forma eficiente, transparente e escalável. É autenticado no sentido em que permite ao locatário da empresa verificar a atualidade dos dados recuperados ao efetuar operações no sistema de ficheiros. O utilizador deve ter controlo total sobre o acesso aos dados publicados. Além disso, cada aplicação em nuvem deve ter mecanismos de segurança robustos. A concretização de todos estes objectivos tornará o sonho de longa data da computação em nuvem segura uma realidade num futuro próximo.

No futuro, o modelo proposto pode ser utilizado para criar um ambiente seguro de computação em nuvem que melhore significativamente a privacidade. Em segundo lugar, o problema da revogação de utilizadores pode ser resolvido através de um algoritmo de atualização de chaves públicas e da gestão dinâmica de grupos.

REFERÊNCIAS

[1] Breaux, Travis D., Anton, Annie E., 2008. Análise dos requisitos regulamentares de privacidade e segurança. IEEE Trans. Software Eng. 34 (1), 5-20.

[2] Chandramohan, D., Vengattaraman, T., Basha, M.S.S., Dhavachelvan, P., 2012. MSRCC - Reduzindo os riscos de segurança na computação em nuvem. Em: Springer Book Series-AISC-2012, vol. 176, pp.525-532. http://dx.doi.org/10.1007/978-3-642-31513-8_54.

[3] Chandramohan, Dhasarathan, Sathian, Dhananjayan, Rajaguru, Dayalan, Vengattaraman, Tirumal, Dhavachelvan, Ponnurangam, 2015a. Uma abordagem multiagente: preservar a privacidade do utilizador em ambientes ubíquos e pervasivos. Egito. Inf. J., 1110-8665 16 (1), 151-166. http://dx.doi.org/10.1016/j. eij.2015.02.002.

[4] D Chang, Hyokyung, Choi, Yuying, 2010. Desafios e segurança na computação em nuvem. Springer, p. 214-217. Grodzinski, F.S., Tavani, H.T., 2011. Proteção de dados na nuvem: uma aplicação da teoria da integridade contextual de Nissenbaum. ACM SIGCAS Comput. Soc. Arch. 41 (1), 266270.

[5] Hussin, Mohamad Fahmy, Wang, Bin, Hipni, Ramani, 2012. Fiabilidade e validade do teste de conhecimentos sobre segurança offshore e preparação para emergências. J. King Saud Univ. Eng. Sci. em 1018-3639 24 (2), 95-105. http://dx.doi.org/10.1016/j.jksues.2011.05.002.

[6] Ruiter, Jop, Varnier, Martijn, 2011. Regras de privacidade para a computação em nuvem: conformidade e implementação na teoria e na prática. Computadores, privacidade e proteção de dados: o elemento de escolha. Springer, pp. 361-376.

[7] Peters, Voltaire, 2011. Segurança e privacidade na nuvem: uma visão panorâmica. Computadores, privacidade e proteção de dados: o elemento de escolha. Springer, p. 445-457.

MIX
Papier aus verantwortungsvollen Quellen
Paper from responsible sources
FSC® C105338

Printed by Books on Demand GmbH, Norderstedt / Germany